Grifos

Grace Hansen

Abdo Kids Jumbo es una subdivisión de Abdo Kids
abdobooks.com

abdobooks.com

Published by Abdo Kids, a division of ABDO, P.O. Box 398166, Minneapolis, Minnesota 55439.

Printed in China

102025

012026

Spanish Translator: Maria Puchol

Photo Credits: AdobeStock, Alamy, Getty Images, Granger Collection, Shutterstock, ©User:moon knight p22/CC BY-SA 4.0

Production Contributors: Teddy Borth, Jennie Forsberg, Grace Hansen
Design Contributors: Candice Keimig, Pakou Moua

Library of Congress Control Number: 2025942218

Publisher's Cataloging-in-Publication Data

Names: Hansen, Grace, author.

Title: Grifos/ by Grace Hansen

Other title: Griffins. Spanish

Description: Minneapolis, Minnesota: Abdo Kids, 2026. | Series: El mundo de los seres mitológicos | Includes online resources and index.

Identifiers: ISBN 9798384909019 (lib.bdg.) | ISBN 9798384909590 (ebook)

Subjects: LCSH: Griffins--Juvenile literature. | Mythical animals--Juvenile literature. | Folklore--Juvenile literature. | Legends--Juvenile literature. | Spanish Language Materials--Juvenile literature.

Classification: DDC 398.2454--dc23

Contenido

El mito del grifo

Los grifos son criaturas con leyenda. Tienen el cuerpo, la cola y las patas traseras de un león, pero la cabeza, las alas y las patas delanteras de un águila.

Tanto los leones como las águilas son animales muy fuertes. Esto convirtió al grifo en el dominador de la tierra y el aire.

Los primeros grifos

Las imágenes de grifos existen desde hace miles de años. Aparecieron por primera vez en **Mesopotamia** en el año 4000 a.e.c. (antes de la era común).

9

Al llegar el siglo XIV antes de la era común, su leyenda ya se había extendido. Las historias eran especialmente populares en el Asia occidental y Grecia.

Grifos en el mundo

Los antiguos egipcios mostraban al grifo con cuerpo de **felino** y con cabeza de halcón. Los grifos aparecen en el arte egipcio y en otras **culturas** jalando de los carros de los líderes.

·PERVSI

En la mitología griega, los grifos jalaban del carro de Apolo por el cielo. Eran el único animal digno de esta tarea. También se decía que eran los compañeros y protectores de Zeus.

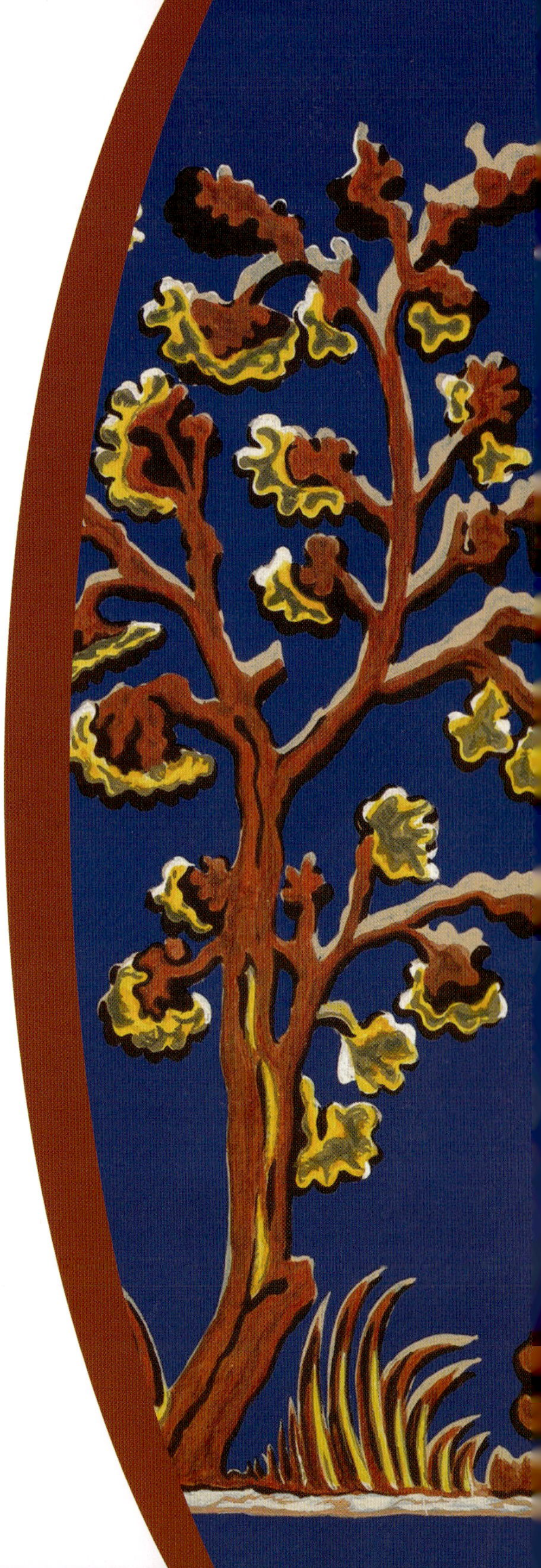

Los antiguos griegos creían que los grifos vivían en los confines del mundo. Los describían como criaturas **feroces** y poderosas.

Tanto Heródoto como Plinio, el viejo, escribieron sobre los grifos. Según ellos, estas criaturas protegían grandes fortunas de oro. La gente empezó a considerarlos guardianes de tesoros y personas.

Grifos de hoy en día

Hoy en día, los grifos siguen considerándose como **honrados** protectores. Aparecen en logotipos de empresas, escudos de armas y mascotas universitarias. También están presentes en muchos libros y películas de **fantasía**.

Más criaturas híbridas

Ammit

Ganesha

Pegaso

Nüwa y Fuxi

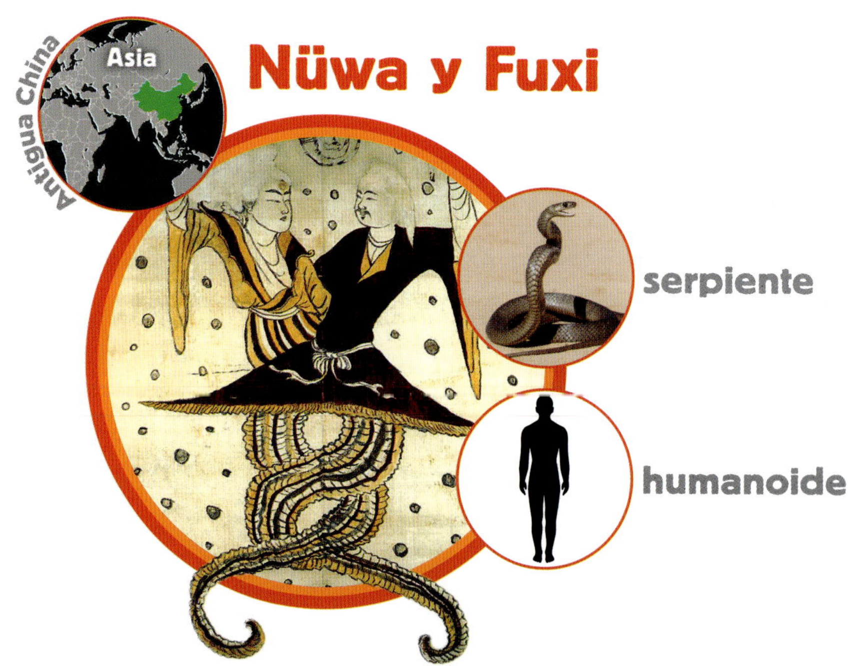

Glosario

cultura – características de un grupo particular de personas con el mismo idioma, costumbres ideas y arte.

fantasía – tipo de cuento o literatura que se desarrolla en un mundo mágico.

felinos – grupo de animales emparentados que comprende tanto a los grandes felinos (leones o tigres) como a los pequeños (gatos domésticos o linces).

feroz – de temperamento violento, hostil o agresivo.

honrado – de mente y carácter excelentes, honesto, justo.

Mesopotamia – región histórica de Asia Occidental que fue escenario de varias civilizaciones antiguas.

Índice

¡Visita nuestra página **abdokids.com** para tener acceso a juegos, manualidades, videos y mucho más!

Los recursos de internet están en inglés.

Usa este código Abdo Kids

WGK8602

¡o escanea este código QR!